AF619878

LE MÉDIATEUR,

OU

NOUVEAU PROJET

D'UN

SYSTÈME CONSTITUTIONNEL

DESTINÉ A PRÉVENIR UNE LUTTE DÉSASTREUSE, SOIT EN ELLE-MÊME, SOIT PAR LES EXAGÉRATIONS DE LA VICTOIRE, DE QUELQUE CÔTÉ QU'ELLE SE TOURNE, EN OFFRANT AUX DEUX PARTIS QUI DIVISENT L'EUROPE, PENDANT QU'IL EN EST TEMPS ENCORE, UN MOYEN ACCEPTABLE DE CONCILIATION;

PAR J.-A.-F. MASSABIAU,

Conservateur à la Bibliothèque de Sainte-Geneviève.

I. Quand les amis de l'ordre et ceux de la liberté ont cessé de s'entendre, la société n'a plus en perspective que le despotisme ou l'anarchie.

II. Il n'est qu'un point de ralliement, possible pour les prétentions des peuples et celles des rois : LA JUSTICE POUR TOUTES.

PARIS.

CHEZ L'AUTEUR,

RUE DES POSTES, N°. 22.

1836.

IMPRIMERIE DE PIHAN DELAFOREST (MORINVAL),
Rue des Bons-Enfans, N°. 34

AVANT-PROPOS.

Autant je suis ami du progrès des améliorations sociales et des constitutions qui le garantissent, autant je suis ennemi des révolutions, et, loin de vouloir en provoquer une par l'écrit que je publie, je cherche, au contraire, à fermer la porte à celles dont l'Europe est aujourd'hui menacée, et qui seraient de toutes les plus lamentables.

Depuis long-temps deux partis y sont en présence, dont les principes, non moins incompatibles que l'eau et le feu, la vie et la mort, renferment un anathème éternel lancé par l'un contre l'autre. Si, séparés par une assez grande distance, ils n'avaient point réciproquement d'influence ennemie à redouter, on concevrait qu'il pût s'établir entre eux, malgré cette opposition, une paix sincère. Mais, avec leur voisinage et leurs étroits et continuels rapports, elle est impossible. Difficulté ou impuissance de guerre, voilà toute leur paix : semblable à celle de nos sociétés privées, où, sous le masque d'une politesse hypocrite, vivent et s'agitent mille passions jalouses, haineuses, que le frein de l'opinion et des lois contient seul et ne contient qu'imparfaitement. Si la guerre n'est pas déclarée, elle se fait sourdement; si le canon dort, la presse et la tribune agissent; si les gouvernemens s'abstiennent, ouvertement du moins, d'actes hostiles, leurs sujets s'enrôlent au service du parti qui leur convient. Que sera-ce, si, sous le vain prétexte d'une différence de principes politiques, l'un des partis prétend se réserver exclusivement ces facultés perturbatrices? Et que peuvent signifier alors des démonstrations pacifiques, que font ou qu'accueillent également, soit une loyauté trop confiante, soit un machiavélisme qui ne s'y trompe point? Non, non : si la paix est sur les lèvres de tous, ou même dans le cœur de quelques-uns, la guerre est dans le cœur du grand nombre, aussi bien que dans la nécessité des choses; et il faut absolument que l'un des partis finisse par succomber, ou sous les intrigues, ou sous la force ouverte de l'autre, à moins que, ramenés à la modération par leur intérêt bien entendu, ils ne donnent les mains à une transaction équitable, qui, en faisant cesser l'hostilité de leurs principes, établisse entre eux une véritable et solide réconciliation.

Cette transaction n'a rien d'impossible en elle-même : mon projet a pour but de le leur prouver; et s'ils se sentaient d'abord quelque répugnance pour les concessions mutuelles et justes qui y sont stipulées, il est permis d'espérer qu'elle ne tiendrait pas, long-temps au moins, contre la perspective, également redoutable pour tous les deux, des conséquences de leur obstination à refuser la paix qui leur est offerte.

Quel que soit, en effet, celui des deux qui l'emporte, l'ordre social est dans le plus grand danger. Car, à moins que, par un vrai miracle, la colère, le ressentiment, l'orgueil de la victoire, ne deviennent tout-à-coup pour lui autant de principes de justice, de sagesse et de modération, jamais ses prétentions n'auront été plus outrées, ni ses préjugés plus dominans et plus absolus, ni ses défiances plus ombrageuses. C'est alors, plus que jamais, qu'irrités, aigris par la résistance, en même temps qu'enflés de leur triomphe, les rois et leurs flatteurs diront : plus de concessions aux peuples; les peuples et leurs flatteurs diront : plus de concessions aux rois. Ainsi, c'en sera fait du pouvoir ou de la liberté, ou de tous les deux, pour mieux dire : car ils ne peuvent subsister que par leur accord ; et la civilisation européenne, qui portait tant de germes de bonheur dans son sein, ira se perdre dans un océan de calamités dont l'étendue et la durée sont incalculables.

Une transaction est donc nécessaire; et puisqu'elle entre dans l'intérêt des deux partis, la tentative n'en est pas seulement permise, elle est un devoir, soit pour l'homme d'état qui peut y mettre la main, soit pour le publiciste qui peut en suggérer l'idée. Or, ce devoir ne peut s'accomplir que par la proposition d'un nouveau système, qui tienne un juste milieu entre ceux qui se partagent l'Europe; qui n'exige des partis d'autres concessions que celles que réclament impérieusement, soit le maintien du pouvoir, soit le maintien de la liberté;

et qui, dès lors, loin de porter atteinte à l'ordre social, l'affermisse, au contraire, sur la base la plus inébranlable : proposition qui ne s'adresse point à tel peuple en particulier, mais à tous, à l'Europe entière, pendant qu'il en est temps encore, et que les partis qui la divisent peuvent être amenés à s'y rendre, par la douloureuse mémoire du passé, par la lassitude du présent, et par les inquiétudes et les craintes de l'avenir.

Cette soif ardente et juste d'amélioration qui tourmente l'Europe, depuis un demi-siècle surtout, devient de jour en jour plus impérieuse, plus exigeante, plus irrésistible. Bien ou mal dirigée, ce que je n'examine point, elle a déjà changé la face des états dans une moitié de cette partie du monde. Les rois ont voulu lui opposer la force, et la force a été vaincue; elle le sera encore, parce que ce n'est point ainsi qu'on maîtrise un torrent de cette nature : on n'y réussit qu'en le détournant. Quand on aura satisfait la soif dont je parle, en tout ce qu'elle a de légitime, quand on l'aura fait de bonne grâce, avec franchise et générosité, elle finira par s'apaiser d'elle-même, et cessera de demander ce que l'intérêt général ne lui permet pas de prétendre. Mais il faut se hâter ; les momens sont précieux : on a déjà trop attendu ; et les artisans de troubles, qui ne s'endorment point, sont là pour nous gagner de vîtesse, et profiter de notre négligence ou de notre indécision. C'est à quoi le parti des conservateurs ne saurait faire une attention trop sérieuse.

Quant au parti contraire, celui des réformateurs, il se flatte, je le sais, d'avoir accompli les vœux de l'Europe par l'établissement du système représentatif. Mais, en premier lieu, quand cela serait, je ne dis pas aussi vrai, car il n'y a rien de prouvé encore à cet égard, mais aussi présumable qu'il l'est peu, comme je le ferai voir tout à-l'heure, la prudence permettrait-elle d'attendre qu'une suffisante expérience, qui demande trop de temps, en eût convaincu les esprits, si peu disposés à se laisser convaincre? N'ordonnerait-elle pas, au contraire, d'aller au devant de collisions aussi incertaines que funestes dans leur issue, surtout avec l'espoir, aujourd'hui mieux fondé que jamais, de regagner un jour quelques points moins importans, dont on aurait fait à la paix le momentané sacrifice.

Mais, en second lieu, sur quoi donc serait fondée cette présomptiou en faveur de la nouvelle réforme? Qu'observons-nous depuis son établissement? Chez les peuples qui l'ont adoptée, révolutions sur révolutions, qui se poussent l'une sur l'autre comme les vagues dans la tempête; troubles, émeutes, révoltes, dont la fréquence et la violence vont en croissant, à mesure que son système abonde plus dans son principe; enfin, au bout de tant d'essais et de malheurs, l'opinion libérale elle-même étonnée et chancelante, depuis qu'on commence à s'apercevoir du sol trop glissant où l'on s'est placé; tandis que, d'un autre côté, des populations immenses, persévérant dans l'ordre et la soumission, résistent depuis cinquante ans à tous les efforts audacieux et à toutes les ténébreuses intrigues employés pour les soulever. Sont-ce là de si fortes présomptions en faveur de cette nouvelle réforme, qui, en satisfaisant au besoin de l'Europe, aurait dû en attirer tous les peuples, les réunir dans un même esprit, et les faire jouir du bonheur et de la tranquillité après lesquels ils soupirent?

On a renversé ce qui existait; mais qu'a-t-on mis à la place? Et ici, prenez y bien garde, je ne parle point des institutions et des lois civiles, qui ont été incontestablement améliorées : je n'entends parler que des politiques, des nouvelles formes du gouvernement; et c'est là dessus que je le demande : est-on bien sûr que ce soit la raison des sages qui a prévalu, et non pas celle du grand nombre, qui n'est le plus souvent que passion, emportement, prévention aveugle? Est-ce l'esprit éminemment social de liberté, ou l'esprit antisocial d'indépendance, qui a inspiré nos réformateurs? Est-ce, enfin, un patriotisme bien pur, bien désintéressé, qui nous a donné nos institutions actuelles, ou l'ambition, qui, tantôt sciemment, tantôt s'ignorant elle-même, comme il arrive souvent à nos passions, et se faisant une illusion trop facile, nous a constitués à son profit? Questions aussi difficiles qu'elles sont graves. C'est à l'expérience seule, juge suprême en cette matière, de nous apprendre un jour ce qu'il en faut penser.

Mais, quoi qu'il en puisse être, elle n'a pas encore prononcé; et quant au grand nombre des partisans de la réforme, non seulement il n'a point ici d'autorité décisive, mais il ne forme pas même un préjugé qui impose tant soit peu. Faut-il s'étonner, en effet, qu'un système politique soit généralement bien accueilli, quand, d'une part, il flatte l'esprit d'indépendance commun à tous les hommes, et que, de l'autre, il ouvre aux supériorités intellectuelles, qui décident partout de l'opinion, les plus riches et les plus séduisantes perspectives? Il faudrait s'étonner, au contraire, s'il pouvait être repoussé

Par toutes ces raisons, il est très incertain, pour le moins, si les nouvelles formes du gouvernement ont satisfait au besoin de l'Europe; tandis que, en refusant de les modifier par une transaction raisonnable avec les anciennes, on risque, ou de perdre les réelles et si précieuses conquêtes de la civilisation moderne, ou de plonger l'ordre social dans le chaos. Au milieu de telles conjonctures, qui pourrait encore balancer? qui n'appellerait de tous ses vœux quelque projet acceptable de conciliation, et s'il pensait l'avoir trouvé, ne s'empresserait de le produire? Qu'on ne s'étonne donc point si je produis ici le mien, non sans inquiétude, car je pourrais m'y être trompé, mais sans hésitation, parce que j'obéis à ma conscience. S'il répond à mes intentions, s'il est tel, que l'ambition légitime des rois, des grands, des peuples, de tous en un mot, y soit satisfaite, et que la liberté, l'ordre et la sécurité y soient garantis, autant que le comporte l'inévitable incertitude des choses humaines, il a dès lors en lui-même assez de chances de succès, et la philosophie a rempli sa tâche, Le reste n'est plus de son ressort : elle peut bien concevoir et proposer des plans ; mais, fussent-ils parfaits, du moment qu'il s'agit de leur exécution, il faut toujours nécessairement que la puissance politique intervienne.

Que dis-je? cette intervention, nécessaire en tout état des choses, est ici l'unique ressource sur laquelle on puisse compter. Lorsque les organes de l'opinion se sont rangés, presque tous, et le plus grand nombre par ambition ou par une spéculation ignoble, sous l'une ou l'autre des deux bannières ennemies; que la raison de chaque parti est pour lui la raison publique dans le pays où il domine; et que, par un effet naturel de la lutte des passions politiques, l'autorité des hommes impartiaux et sages, qui sont en si petit nombre, est tombée en défaveur : il n'y a plus rien à espérer que des gouvernemens seuls, que la crise menace tous, et qui, par conséquent, ont tous intérêt à y mettre un terme. Et ils le peuvent encore, tandis que l'équilibre entre les partis n'est pas rompu : une fois qu'il le sera (et le moment en est plus près peut-être qu'on ne pense), tout espoir de conciliation s'évanouit, et l'ordre social doit subir inévitablement les funestes conséquences de la victoire.

Dans l'exposé de mon projet, rédigé pour la France spécialement, mais applicable en substance à la plupart des monarchies de l'Europe, si j'ai laissé beaucoup de lacunes, c'est à dessein. Il est facile de les remplir au moyen de ce qui existe et que tout le monde connaît : en les remplissant moi-même dans cet écrit, je n'eusse fait que l'allonger par un détail inutile. Je me suis borné, presque partout, à développer mes idées particulières, et à indiquer les modifications à faire à celles qui sont généralement répandues et que j'adopte. C'est ainsi que, relativement à l'ordre judiciaire, je me contente de donner une nouvelle et plus sûre garantie de l'inamovibilité des juges, de créer un tribunal à part pour les délits de la presse autres que la calomnie et la diffamation, et de proposer une institution depuis long-temps réclamée par la justice autant que par l'humanité, et à laquelle il est assez singulier que, depuis cinquante ans, n'aient pas songé nos réformateurs, avec les sentimens de philantropie qui les animent.

En revanche, on trouvera ici de nombreux détails auxquels on ne s'attend point, et sur l'importance desquels il est bon que je m'explique d'avance, afin qu'on ne les juge pas hors de propos. En effet, le machiavélisme des uns, joint à la loyauté ou à la simplicité des autres, est parvenu à faire adopter, comme distinction de choses, ce qui n'est en réalité qu'une distinction de mots : on se figure aujourd'hui qu'une constitution et ses lois organiques sont deux choses différentes. Ainsi, on se contente souvent dans une charte de décréter les institutions en principe; et le développement en est renvoyé à des lois ultérieures qui les organiseront. Mais des institutions en principe ne sont que des abstractions : c'est l'organisation seule qui les réalise. Ce sont des promesses, si l'on veut ; mais une constitution ne doit pas se réduire à des promesses : elle doit contenir toutes les garanties capitales et réelles de la liberté. Or, ce n'en est point une, très certainement, qu'une institution qui n'existe encore qu'en principe, et dont l'organisation, après s'être fait attendre (combien de temps ? Dieu le sait), ne viendra peut-être enfin que pour stériliser le principe en le dénaturant.

Avec un système représentatif où les lois organiques devaient être faites par les trois pouvoirs, et avant que l'expérience eût dévoilé, comme elle l'a fait, la déception de cette politique, elle n'était encore que de l'imprudence. Mais aujourd'hui, et avec mon système qui n'est point représentatif, elle serait de la stupidité. Les lois organiques, qui devraient entrer dans toute constitution, même représentative, devaient donc, à bien plus forte raison, entrer dans la mienne qui ne l'est pas; et c'est pourquoi j'ai dû en prévenir le lecteur, afin qu'il n'y regarde pas comme étrangers ou peu nécessaires des détails d'organisation, qui en font partie essentielle.

Quant à ceux qui croiraient apercevoir quelque fondement à la distinction que je rejette, en ce que ce qu'on entend par *constitution* présente quelque chose de plus immuable que les lois organiques, après leur avoir rappelé que la première de ces deux choses n'est rien sans l'autre, ainsi que je viens de le prouver, je me contenterai de leur dire qu'il n'y a rien d'immuable dans les choses humaines, pas plus les constitutions que leurs lois organiques; qu'un bon système de révision est nécessaire aux unes comme aux autres; qu'il suffit à tout, et que je ne l'ai pas oublié dans mon projet.

SYSTEME CONSTITUTIONNEL,

OU

LOI FONDAMENTALE.

CHAPITRE Ier.

L'État, et la forme du Gouvernement.

ARTICLE 1er. L'État est formé de trois pouvoirs principaux, qui sont le Roi, la Cour suprême et le Conseil national, et d'une loi fondamentale qui les règle tous et les domine chacun en particulier.

2. Nul changement ou modification quelconque de cette loi, nulle interprétation même de son texte, ne peuvent avoir lieu qu'avec le concours et du consentement de ces trois pouvoirs.

3. Si l'expérience et le temps y font découvrir quelque défaut, il y est remédié de la manière suivante : le Roi en fait la proposition * à la Cour suprême et au

* Pourquoi le Roi, et le Roi seul ? Parce que sa position, à la tête de la machine politique, le met plus à portée que personne d'en découvrir le premier les défauts ; que la nécesité du consentement des autres pouvoirs rend cette prérogative innocente dans ses mains ; et que lorsqu'il s'agit de la loi fondamentale, l'esprit d'innovation surtout est à craindre, et l'esprit de conservation à désirer : or, le rôle de conservateur convient beaucoup mieux que celui de réformateur à des assemblées nombreuses, où la diversité des esprits et la vanité personnelle sont une source trop féconde d'innovations.

Conseil national en même temps; si ces deux corps l'admettent, les dispositions qu'elle contient passent dans la loi fondamentale; si tous les deux la rejettent, elle est indéfiniment ajournée; si l'un d'eux seulement la rejette, elle peut être représentée une seconde fois, mais après le laps d'un an au moins, à partir de la date du rejet; et si alors elle n'est pas admise, elle est encore indéfiniment ajournée.

4. Le consentement nécessaire des trois pouvoirs n'a pas pour objet le fond de la proposition seulement, mais encore sa forme ou rédaction, l'endroit de la loi fondamentale où ses dispositions doivent prendre place, et la manière dont elles doivent y être insérées.

5. La proposition ne peut être adoptée dans la même session où elle a été faite.

6. Les discussions sur la loi fondamentale sont secrètes, et rien n'en est rendu public que lorsque la proposition a été adoptée. *

7. La loi fondamentale ne peut être suspendue, dans quelque cas que ce soit, pour aucun des trois pouvoirs, en ce qui concerne le plein et libre exercice des droits et prérogatives qu'elle leur a conférés.

8. Dans le cas d'un danger imminent venant du dehors, le Roi peut, de son autorité privée, suspendre

* Pourquoi secrètes? Parce que la nécessité du consentement des trois pouvoirs étant une suffisante garantie, la publicité devient inutile en même temps qu'elle pourrait être dangereuse. Si les formes constitutionnelles sont respectées, il n'y a rien à craindre; et s'il était possible que le Roi les violât, la publicité des discussions, loin d'augmenter toujours l'horreur que cette violation doit inspirer, pourrait quelque fois l'affaiblir, par le talent des orateurs à faire valoir ce qui peut lui servir d'excuse. Enfin, si la proposition royale est rejetée, il est plus qu'inutile que le public en soit instruit.

la loi fondamentale, en tout ou en partie, dans les départemens frontières menacés. La suspension cesse de plein droit, aussitôt que la Cour suprême, assemblée en Cour plénière, * a déclaré, si jamais il en était besoin, que le danger n'existe plus.

9. Si le danger vient de l'intérieur, la suspension ne peut avoir lieu que du consentement de cette même Cour plénière, selon la mesure, les lieux et le temps qu'elle a consentis. S'il y avait urgence, la suspension pourrait être consentie provisoirement, dans les limites convenables, par la chambre politique de la Cour suprême, en attendant la décision de la Cour plénière **.

10. La forme du Gouvernement est monarchique, et la couronne héréditaire, en ligne directe, de mâle en mâle, et par ordre de primogéniture.

11. Si le roi n'a pas laissé de descendant mâle, l'aîné

* La Cour plénière est l'assemblée générale de la Cour suprême. La chambre politique et la chambre de justice, dont il sera souvent parlé, n'en sont que des fractions. Voyez le chap. *la Cour Suprême*

** Plus l'action ordinaire et légale d'un gouvernement laisse de liberté au peuple, et plus elle se trouve ensuite faible et insuffisante, lorsqu'il survient quelque crise extraordinaire. Si la Constitution n'a pas prévu le cas, et réglé d'avance les moyens de donner au gouvernement l'accroissement de force qui lui devient alors nécessaire, qu'en doit-il arriver ? De deux choses l'une : ou le gouvernement succombera sous la violence de l'orage, ou, ne prenant conseil que de la nécessité, il s'arrogera le pouvoir que les lois lui refusent; et dût-il ensuite, le danger passé, rentrer de lui-même dans les voies légales (chose tout au moins incertaine), il aura donné un exemple très dangereux. Une politique inflexible, qui ne voit que les principes et jamais la vicissitude des situations, ressemble au chêne, qui ne plie point, à la vérité, mais que l'ouragan brise ou déracine.

de ses frères lui succède, et la couronne passe dans sa ligne, en suivant le même ordre que ci dessus. Si ce dernier est décédé, ses descendans mâles montent sur le trône par droit de représentation, et suivant l'ordre de primogéniture.

12. En cas d'extinction de la branche régnante, la couronne passe à la branche la plus proche, déterminée d'avance et rendue notoire par le titre de *premier prince du sang*, donné à son chef.

13. En cas d'extinction totale de la dynastie, le royaume est gouverné par un régent, en attendant que la Cour suprême soit fixée sur le choix d'une nouvelle famille, qui ait accepté et pris possession.

14. L'acceptation de la couronne emporte celle de la loi fondamentale.

CHAPITRE II.

Le Roi.

15. Sous l'empire de la loi fondamentale, le Roi est souverain, et il l'est seul : les pouvoirs exécutif et législatif, dans leur plénitude, sont concentrés en lui.* Mais il ne les exerce qu'avec le concours de ses

* Une souveraineté sans limites n'appartient qu'à celui dont la sagesse, la bonté, la puissance, ces trois fondemens nécessaires de la souveraineté, sont eux-mêmes sans limites : elle n'appartient, évidemment, à aucun homme, à aucun corps, à aucun peuple. Les souverainetés humaines ne pouvant, en aucun cas, être à elles-mêmes leur règle, comme la souveraineté divine, il s'ensuit qu'elles doivent obéir à des règles, placées au-dessus d'elles, et par conséquent être limitées. Par où il est facile

Ministres, du Conseil national, de la Cour suprême et des autres tribunaux, suivant les formes ci-après.

16. Les ministres proposent la loi en leur nom seul; le Conseil national la discute publiquement et contradictoirement avec les ministres ou leurs ayant-cause; lorsque la discussion est fermée, il émet publiquement son opinion; le Roi décide; et si tous ces préliminaires ont été observés, la Cour suprême enregistre.

17. La loi est la volonté du souverain, éclairée par la discussion du Conseil national, et enregistrée par la Cour suprême.

18. Tout ce qui intéresse la liberté, la sûreté des sujets, les propriétés publiques et privées; tous les codes, l'organisation judiciaire, administrative, militaire; les impôts directs et indirects, les douanes; la fixation au pied de paix des armées de terre et de mer, la liste civile, le chiffre total des pensions, les créations d'emplois et d'établissemens, les travaux publics, et généralement toutes les dépenses à la charge du trésor de l'État, ne peuvent être réglées que par des lois.

Sont exceptées les dépenses de la Cour suprême et du Conseil national, inséparables de l'exercice de leurs fonctions. Celles-là sont réglées par ces deux corps. Le ministre des finances en avance les fonds, dont l'emploi est ensuite justifié par des états détaillés fournis par ces deux corps, et accompagnés des quit-

de voir, que, pour être soumis à la loi fondamentale, le roi ne cesse pas d'être souverain. C'est par cette subordination, au contraire, qu'il le devient : sans elle, son pouvoir arbitraire, et dès-lors despotique, serait vide de tout droit, attendu qu'il n'y a de véritables droits que ceux que la raison approuve. Pour le surplus, voyez à la fin le *Post-scriptum*.

tanees des parties prenantes. Ces états sont publiés tous les ans par ledit ministre, et envoyés à tous les départemens.

19. Pour fournir à la splendeur du trône et à ses bienfaits, le Roi jouit d'une liste civile, fixée au commencement de son règne, pour toute sa durée, par une loi à part, faite suivant les formes ordinaires, et contenant la déclaration expresse, que les ministres sont rendus responsables de l'excédant du revenu annuel de l'État, et qu'ils en rendront compte tous les ans au Conseil national, conformément aux allocations du budget. Cette loi s'appelle *pacte royal.*

20. Le Roi convoque le Conseil national une fois chaque année; il ouvre et clôt sa session, ou la proroge quand il le juge convenable; il peut aussi dissoudre le Conseil; et alors, les députés ayant perdu leur caractère, les corps électoraux procèdent à de nouvelles élections.

21. Le roi dirige et assure, par des ordonnances, l'exécution des lois; il fait aussi des réglemens de police conformes à ces mêmes lois. Mais ces ordonnances et ces réglemens ne sont exécutoires, ni authentiques, qu'autant qu'ils sont contresignés par un ministre responsable.

22. Il rend la justice par l'intermédiaire de juges qu'il nomme à vie, et qui, dans l'exercice de leurs fonctions, ne dépendent que de la loi. Il n'exerce immédiatement que le droit de faire grâce.

23. A l'exception des princes, membres nés de la Cour suprême, des membres du Conseil national, et des conseillers municipaux qui sont nommés par le peuple, tous les fonctionnaires civils et militaires sont à la nomination du Roi.

24. Le Roi ne fait la guerre, ni la paix, ni les

traités d'alliance et de commerce, qu'après avoir pris l'avis de la chambre politique de la Cour suprême. *

25. Il est la source unique de toutes les distinctions. Mais nulles lettres de noblesse, de réhabilitation et de promotion, ne peuvent être expédiées qu'après avoir pris l'avis de cette même chambre politique.

26. Il est inviolable ; mais il peut être interdit, soit pour cause d'aliénation mentale, soit pour cause de tyrannie. Cette interdiction ne porte aucune atteinte à son titre ni à ses honneurs.

27. Il est majeur à dix-huit ans révolus. Pendant sa minorité ou son interdiction, le royaume est gouverné par un régent.

CHAPITRE III.

Le Régent.

28. Est régent de droit, l'héritier présomptif du trône, s'il est majeur ; à son défaut, le premier prince du sang ; au défaut du premier, le second, et ainsi de suite ; et enfin, au défaut de prince du sang, le prince coadjuteur du trône **. L'héritier présomptif, parvenu à sa majorité, prend la régence, à l'exclusion de tout autre.

29. Le régent exerce l'autorité royale dans sa plénitude. Il est inviolable comme le Roi, et peut être interdit de même, par les mêmes raisons.

30. Il est chargé de la tutelle du Roi mineur, con-

* Ai-je besoin de dire que le cas d'agression de la part de l'étranger n'est pas compris dans cet article ?

** Voyez le chap. *la Cour Suprême.*

jointement avec la Reine sa mère, et de la curatelle du Roi interdit.

31. S'il s'élevait quelque difficulté au sujet de la régence, la Cour plénière la résoudrait, en suivant l'esprit de la présente loi.

CHAPITRE IV.

Les Ministres et le Conseil-d'État.

32. Les divers départemens de l'administration générale sont dirigés par autant de ministres responsables.

33. Ces ministres peuvent être accusés pour les faits de trahison, de concussion et de violation de la loi fondamentale.

34. C'est le Conseil national qui les accuse, et la Cour suprême qui les juge. *

35. Condamnés, le Roi peut leur faire grâce; mais ils ne peuvent plus rentrer au ministère, à moins qu'une absolution entière ** ne les ait innocentés.

36. La responsabilité des ministres est individuelle. Ils peuvent bien se réunir en conseil pour délibérer sur les affaires générales; mais leurs délibérations, quelles qu'elles soient, n'affranchissent aucun d'eux de sa responsabilité : elles n'ont pu avoir d'autre but que de mettre plus d'harmonie entre leurs opérations respectives, en se conformant toujours aux lois.

37. Les conflits entre l'autorité judiciaire et l'administration, ne pouvant raisonnablement être jugés

* Voir et rapprocher les deux chap. *le Conseil national* et *la Cour suprême*.

** Voir le chap. *la Cour suprême*.

ni par l'une ni par l'autre, sont portés à la chambre de justice de la Cour suprême, qui prononce sur la compétence, et renvoie les parties devant qui de droit.

CHAPITRE. V.

La Coür suprême.

38. La Cour suprême est un corps permanent, composé de ce qu'il y a de plus puissant et de plus illustre dans l'État, et dont les membres, tous inamovibles, sont qualifiés de *hauts et puissans seigneurs*.

39. Tous les princes du sang et autres en font partie par leur titre seul. Mais l'héritier présomptif du trône et, en cas de minorité de celui-ci, le premier prince du sang, ne peuvent y prendre séance et délibérer, qu'avec la permission du Roi.

40. Le Roi en nomme tous les autres membres, soit à vie seulement, soit héréditaires, sous la condition rigoureuse d'un cens élevé, dont ne dispense point le droit d'hérédité lui-même*. Le nombre n'en est point limité, mais ne peut jamais être au-dessous de cent, ayant tous voix délibérative.

41. Nul membre ne compte dans le corps que du moment de sa réception, et n'a voix délibérative qu'à trente ans.

42. La Cour suprême est maîtresse absolue de ses statuts et de son organisation, en se conformant à ce qui suit.

* Cette condition, qui ne fait point des richesses un titre, importe singulièrement dans un corps dont l'indépendance est la qualité capitale. On a beau faire, il faut céder à la force des choses, qui a placé l'indépendance dans la richesse. On verra, d'ailleurs, au chap. *de la noblesse*, combien il lui est facile, dans mon système, de conserver et d'augmenter même sa fortune.

43. Elle institue des commissions ou chambres permanentes, prises parmi ses membres ayant voix délibérative, pour l'expédition d'une partie des affaires qui lui sont attribuées, savoir : 1°. une pour l'enregistrement des lois, et pour l'administration et la comptabilité de ses deniers; 2°. une de justice et censure, pour les délits de la presse, autres que la calomnie et la diffamation ; pour les accusations de forfaiture, indignité ou incapacité, portées contre les juges, et pour décider de la compétence dans les conflits entre l'autorité judiciaire et l'administrative ; 3°. enfin, une chambre politique, pour l'exercice des fonctions énoncées ci-dessus, chap. Ier., art. 9, et chap. II, art. 24 et 25.

44. Outre ces chambres permanentes, la Cour suprême a des assemblées générales ou cours plénières périodiques, dont l'époque est déterminée par ses statuts. Le Roi en convoque, quand il le juge à propos; et le président le doit, lorsque la convocation est demandée par la majorité des membres des trois chambres réunies.

45. La cour plénière ne fait aucun des actes qui lui appartiennent, si la majorité de ses membres ayant voix délibérative n'est présente.

46. Elle seule admet dans son sein ceux qui le demandent, soit comme princes, soit à titre de nomination royale, soit à titre d'hérédité. Elle ne peut les refuser qu'autant qu'ils ne rempliraient pas toutes les conditions prescrites.

47. Elle est seule juge au criminel de ses propres membres, des ministres et autres agens supérieurs du Roi, tels que vice-rois, gouverneurs des colonies, ambassadeurs, commandans en chef des forces de terre et de mer, et de tous les accusés d'attentat à la sûreté

du royaume, à celle du Roi et du régent, et à celle de l'héritier présomptif de la couronne.

48. Tout membre de la Coür, qui a des motifs de se récuser comme juge, les lui expose; et si elle les admet, il est dispensé.

49. L'accusateur et l'accusé ont chacun le droit de récuser un vingtième des membres, sans être obligés d'en déduire les motifs. Les co-accusés d'un même crime n'ont droit ensemble qu'à la récusation d'un vingtième.

50. Les membres de la Cour qui ont assisté sans interruption aux interrogatoires, à l'audition des témoins, aux débats et aux plaidoieries, sont seuls aptes à prononcer sur le fait de la culpabilité; mais tous ont droit de participer à l'application de la peine.

51. Les questions ne sont définitivement posées aux juges du fait, qu'après que les parties ont été entendues sur ce point, et que la Cour en a délibéré.

52. Sur le fait de la culpabilité, il faut les deux tiers des voix pour la condamnation, et la majorité pour l'absolution entière. Sur l'application de la peine, il suffit de la majorité.

53. Les séances judiciaires de la Coür suprême sont publiques, à moins que des motifs de décence ou de politique extérieure n'exigent le huis-clos. Toutes les autres sont secrètes; et il est interdit aux journaux d'en rendre compte, autrement que par l'insertion littérale d'une note qui pourrait leur être envoyée par le président.

54. Dans le cas d'aliénation mentale du prince régnant, c'est la Cour plénière qui la constate et met le royaume en régence. Elle constate de même le rétablissement du prince, et déclare à la nation qu'il reprend l'exercice de son autorité.

55. Dans le cas de tyrannie, qui est une espèce d'aliénation mentale, c'est elle encore qui déclare le cas et établit la régence, laquelle dure alors jusqu'à la mort du Roi. Pour la validité de cette dernière déclaration, les deux tiers des voix sont nécessaires.

56. Il y a tyrannie, soit lorsque la Cour suprême est attaquée dans ses prérogatives, soit lorsque le Conseil national l'est dans l'exercice de son droit de libre discussion et de représentation respectueuse.

Il y a tyrannie encore, lorsque par la non-convocation du Conseil national, ou par sa rupture avec le Gouvernement, les discussions législatives ont cessé, ou lorsque le Conseil ayant été dissous, la majorité des colléges électoraux refuse d'élire, ou renvoie les mêmes députés.

Il y a tyrannie, enfin, si le Roi refuse de livrer à la Cour suprême les ministres accusés par le Conseil national.

57. A compter de la déclaration de régence, tout le pouvoir politique passe momentanément à la Cour suprême, pour l'installation du régent exclusivement, et pour l'emploi des moyens que cette installation rendrait nécessaires. Toute résistance à ses ordres est un crime de haute trahison. Ce pouvoir extraordinaire cesse par le seul fait, aussitôt que le régent est en possession.

58. S'il y avait quelque mesure administrative à prendre relativement à la personne du prince interdit, elle serait discutée et arrêtée par la cour plénière, présidée par le régent en personne.

59. Lorsque la dynastie est réduite à la branche régnante, la cour plénière, convoquée par le président, élit au scrutin secret et à la majorité des voix, parmi les princes qui en font partie, *le prince coadju-*

teur du trône. Le titre de prince coadjuteur ne se transmet point. A la mort du titulaire, si la circonstance qui l'avait fait élire dure encore, la cour plénière procède à une autre élection *.

CHAPITRE VI.

Le système électoral.

60. Le territoire est divisé en arrondissemens électoraux, de telle manière, que des points les plus éloignés de la circonférence au lieu où le collége doit s'assembler, la distance soit la moindre possible **. Il y a autant de colléges que de ces arrondissemens.

* Sans doute que la Cour suprême, placée si haut dans mon projet, principale gardienne de la constitution et des libertés publiques, associée aux plus hautes pensées du gouvernement, et la première en importance comme en dignité des cours souveraines du royaume, devrait avoir, soit pour son service dans les fonctions qui lui sont attribuées, soit comme objet d'une représentation convenable, une garde d'honneur à elle, peu nombreuse, mais suffisante pour sa destination. On pourrait la prendre dans le corps des vétérans valides des deux armes ; elle n'en serait pas moins propre à son genre de service, et coûterait bien moins à l'état. Mais ce n'est là qu'une partie du remplissage qu'amènerait naturellement l'adoption de mon système, et dont par conséquent il était inutile de parler dans mon projet.

** On pourrait aisément, en France, porter à 520, d'abord, le nombre de ces arrondissemens, qui n'auraient pas chacun quatre lieues de rayon. La surface de ce royaume étant de 26,000 lieues carrées, comme on l'estime généralement, son centième donne 260 surfaces de 10 lieues sur 10, peu différentes de celle du cercle qui y serait inscrit, et dont le rayon serait exactement de 5 lieues : de sorte qu'en portant au double le nombre de ces divisions, c'est-à-dire à 520, on arrive effectivement à des circonscriptions dont le rayon n'aurait pas 4 lieues.

Ensuite, qu'on accorde à chaque ville de 20 à 30,000 âmes,

La commune du chef-lieu fournit un local convenable et pouvu de tous les meubles et ustensiles nécessaires, simples et sans aucun luxe, le chauffage, le luminaire, tout ce qu'il faut dans un bureau, et demeure chargée de la rédaction et impression de la liste électorale ainsi qne de la confection des cartes d'entrée. Elle en trouve le dédommagement dans le séjour et la consommation des électeurs. Deux exemplaires de la liste imprimée sont remis au président du collége, deux à chaque vice président, et deux à chacun des maires de l'arrondissement. Le reste demeure en dépôt à la mairie pour être fourni par elle au besoin.

61. Chaque collége, une fois constitué *, se perpétue de lui-même et agit dans la sphère de ses attributions, sans intervention quelconque du pouvoir. Son

réunie à sa banlieue, un collége; deux, à celles de 30 à 50,000 âmes; trois, à celles de 50 à 80,000; quatre, à celles de 80 à 120,000; cinq, à celles de 120 à 170,000, et ainsi de suite : elles y ont droit par leur population; qu'on ajoute douze colléges pour les douze municipalités de Paris (ce qui résulte d'ailleurs de la progression précédente), et on trouvera en tout 598 colléges, et, par conséquent, 598 députés, nombre qu'on peut, non seulement admettre, mais encore dépasser, quand l'Angleterre, dont la population est inférieure de beaucoup à celle de la France, admet plus de 650 députés dans sa Chambre des communes. On voit par là combien il serait facile, si on voulait, de resserrer encore les arrondissemens, au point qu'ils n'auraient, tout au plus, que trois lieues de rayon, distance que les électeurs les plus éloignés franchiraient en très peu de temps et presque sans fatigue.

Ceux qui ont observé, que le rapport du nombre des citoyens au-dessous du cens électoral, au nombre de ceux qui l'atteignent, dépasse de plus en plus le rapport de population des villes, comprendront aisément pourquoi je n'ai point assigné à des populations doubles ou triples, le double ou le triple de colléges électoraux.

* Pour la première formation du collége, voyez le chap. IX.

bureau se compose d'un président, deux vice-présidens*, quatre scrutateurs et deux secrétaires.

62. Il élit et révoque, à son gré, son président et un député au Conseil National. Les élections sont faites à terme indéfini, jusqu'à décès, ou démission, ou révocation, à quoi il faut ajouter le cas de dissolution du Conseil National, s'il s'agit du député.

63. Les vice-présidens, scrutateurs et secrétaires, sont nommés, un à un, par assis et levé, sur la proposition du président **.

64. Un député peut être pris dans tout le royaume. Il ne peut être lié par aucun autre mandat, que celui de chercher en tout le plus grand bien du peuple, sui-

* Les fonctions de la présidence étant nombreuses et permanentes, il est nécessaire qu'il y ait des vice-présidens.

** C'est une détestable politique de surcharger les colléges d'opérations longues et ennuyeuses, quand il n'y a pas de nécessité; c'est soulever les mœurs contre l'institution : il n'y a rien au monde de plus gauche. Comment l'assemblée se défierait-elle du président qu'elle vient d'élire? Ne doit-elle pas penser, au contraire, que jaloux de justifier, par les premiers actes de son nouveau pouvoir, la confiance honorable dont il est l'objet, il ne proposera que des sujets qui en soient dignes eux-mêmes? D'ailleurs, il ne fait que proposer : c'est l'assemblée qui accepte ou rejette; et s'il entrevoit en elle la moindre répugnance pour un sujet, il se hâte d'en proposer un autre. Il est très vraisemblable que si, parmi ses concurrens dans l'élection, il s'en est trouvé qui aient obtenu un grand nombre de suffrages, son choix se portera d'abord sur eux pour la vice-présidence; et il est à peu-près certain que sa proposition sera agréée. Quel danger y a-t-il à cela? et quel danger surtout qui vaille l'énorme fardeau dont je décharge les électeurs? Quant à ce qui regarde les scrutateurs et les secrétaires, la meilleure garantie de leur droiture est dans les formes d'élection que j'expose au chapitre suivant. Elles sont combinées de manière à rendre toute fraude impossible : comme

vant ses lumières et sa conscience; tout autre qu'il pourrait recevoir est essentiellement subordonné à celui-là *.

65. Le collége électoral admet, rejette ou ajourne les candidats qui se présentent pour en faire partie, selon qu'ils remplissent ou non les conditions ci-après.

66. Est électeur tout Français âgé de 25 ans, domicilié dans l'arrondissement, et payant, soit 100 francs d'impôt foncier, soit 150 dont le foncier fasse le tiers, soit 200 francs d'impôt direct quelconque.

Sont encore électeurs, pourvu qu'ils aient l'âge et le domicile requis, 1o tous les nobles et les officiers retraités des armées de terre et de mer; 2o les ministres en fonctions des cultes reconnus par l'état, les juges, les procureurs du roi, les notaires, les membres des administrations départamentales, d'arrondissement et communales, et les chefs de division et de bureau des ministères; 3o les membres des académies royales, les docteurs en l'une quelconque des quatre facultés, de théologie, de droit, de médecine et des lettres, et les chefs d'institution munis d'un diplôme de l'université.

67. Ne peuvent être électeurs les domestiques, les aliénés, les interdits, les exécuteurs des hautes œu-

exigeant une audace extrême, d'autant moins supposable qu'elle serait évidemment vaine, et ne tournerait qu'à la confusion de l'insensé qui l'aurait conçue.

* Je ne fixe point l'âge du député, parce que c'est inutile. A la bonne heure, si on le tirait au sort, qui est aveugle. Mais le collége électoral ne l'est point; et la crainte qu'il ne donne sa confiance à des enfans est une chimère absurde. Quel serait donc l'unique effet d'une loi prohibitive? D'empêcher une exception utile à la société. Lorsqu'il n'y a point à craindre que l'homme abuse de sa liberté, ne la lui ôtez jamais : il fera mieux, dans l'occasion, que la loi, toujours bornée, n'eût pu faire.

vres, les banqueroutiers, et les condamnés à des peines afflictives ou infâmantes qui n'ont pas été réhabilités par un jugement.

68. Quiconque prétend aux fonctions d'électeur s'adresse au président et lui remet ses titres, dont il lui est donné un reçu. Ces titres sont : 1o L'acte de naissance; 2o le certificat du maire de sa commune, qui constate son domicile et contient son signalement 3o l'extrait du rôle des contributions ; 4o enfin, le diplôme ou autre titre propre à constater l'une des qualités qui confèrent le droit électoral, en cas d'insuffisance de l'impôt. La notoriété peut quelquefois suppléer à ce dernier titre.

69. A la prochaine réunion des électeurs, le président, après avoir vérifié les titres dans l'intervalle et en avoir conféré avec le bureau, en fait son rapport au collége, qui, sur sa proposition, prononce, par assis et levé, soit l'admission, soit le rejet, soit l'ajournement. Ce dernier peut toujours avoir lieu, lorsqu'il s'est écoulé moins d'un mois entre la remise des titres et la convocation de l'assemblée, à moins qu'il ne reste absolument aucun doute sur le droit du candidat. Aussitôt que les candidats ont été admis, des cartes d'entrée leur sont distribuées par le président, qui leur rend leurs titres en échange du récépissé qui leur en avait été délivré ; et la liste supplémentaire des nouveaux membres est dressée par les secrétaires en deux copies, dont l'une reste entre les mains du président, et l'autre est remise an maire du chef-lieu, qui fait imprimer une nouvelle liste alphabétique dans laquelle le supplément est fondu.

70. Tous les ans, lorsque la confection des nouveaux rôles d'imposition est terminée, les électeurs sont tenus de rapporter au maire de leur commune un

extrait de ces rôles, qui constate qu'ils payent toujours la cens électoral ; et ceux qui tiennent le droit électoral de leur qualité, doivent lui prouver qu'ils la conservent encore, lorsqu'elle est de nature à pouvoir être perdue. Un mois leur est donné pour cela, passé lequel le maire adresse au président du collége la note de ceux qui, n'ayant point rempli cette formalité, sont censés avoir perdu le droit électoral ; il y joint celle des électeurs de sa commune qui sont décédés ou qui ont changé de domicile, ayant soin de distinguer ceux qui ont quitté l'arrondissement de ceux qui n'ont fait qu'y changer de commune, et d'indiquer le nouveau domicile de ces derniers.

Le président rapporte ces notes à la prochaine réunion du collége. Là sont rayés de la liste les électeurs décédés et ceux qui ont perdu le droit électoral, soit par le défaut de cens, soit par le défaut de qualité, soit par le défaut de domicile dans l'arrondissement ; et quant à ceux qui n'ont fait que changer de commune, leur nouveau domicile est substitué à l'ancien sur la liste, et il leur est délivré de nouvelles cartes d'entrée conformes à l'état présent des choses.

71. Indépendamment de ce qui précède, tous les cinq ans, s'il n'y a pas eu dans cet intervalle de réunion du collége, il doit être convoqué pour la rectification de la liste, encore qu'il n'y ait point alors autre chose à l'ordre du jour.

72. La majorité du collége se règle toujourc sur la liste ainsi rectifiée, quand bien même il s'y serait glissé quelque erreur inaperçue.

73. C'est le président qui convoque le collége, lorsqu'il en est besoin ; la convocation est faite pour le dixième jour au plutôt, et pour le quinzième au plus tard, à partir de la date des lettres de convocation,

qui doivent toujours en énoncer l'objet. Ces lettres, portées gratis par la poste, sont adressées à chacun des maires de l'arrondissement, qui les fait publier de suite dans sa commune.

74. Toutes les difficultés, toutes les plaintes et réclamations au sujet du droit électoral et de son exercice, sont portées au Conseil National qui statue souverainement. Il peut même ordonner la convocation d'un collége, lorsqu'elle a été capricieusement refusée par le président.

75. Il est interdit aux colléges électoraux de s'occuper, sous quelque prétexte que ce soit, d'autre chose absolument que des élections, de l'admission, rejet ou ajournement des candidats, et de la tenue des procès-verbaux et des listes; celui ou ceux qui auraient présidé à la délibération ou discussion en seraient responsables et pourraient être poursuivis par les gens du Roi, comme ayant porté atteinte à l'ordre public.

CHAPITRE VII.

Formes d'élection et police.

76. L'ouverture des assemblées est fixée à onze heures du matin en été, c'est-à-dire, du 21 mars au 21 septembre, et à midi en hiver, c'est-à-dire, du 21 septembre au 21 mars, afin que les électeurs les plus éloignés puissent commodément, dans la matinée, se rendre au lieu de leur réunion.

77. On procède d'abord à l'admission des nouveaux membres, et puis à la rectification de la liste, s'il y a lieu *. Ensuite, pour éviter, autant que possible,

* On commence par l'admission des nouveaux membres, afin qu'ils puissent, dès ce jour même, prendre part aux opérations;

les voix perdues, abréger ainsi les scrutins et les rendre plus décisifs, le reste de la soirée se passe en conférences entre les électeurs, pour découvrir ceux des candidats qui sont le plus généralement portés; après quoi, chacun prépare son bulletin qui doit être cacheté.

78. Le lendemain matin, à six heures en été et à sept en hiver, on s'assemble pour procéder aux élections.

79. Sur le bureau sont deux urnes, d'un verre blanc et assez léger pour laisser voir aussitôt ce qu'elles peuvent contenir : l'une debout, pour recevoir les bulletins cachetés, et l'autre renversée, pour être relevée au moment du dépouillement, et recevoir les mêmes bulletins, après qu'ils auront été décachetés.

80. Le bureau est disposé de manière que le président ait l'assemblée en face, et les scrutateurs et les secrétaires à dos.

81. L'un des secrétaires fait l'appel nominal des électeurs, suivant l'ordre alphabétique de la liste, et chacun d'eux, à mesure qu'ils sont appelés, vient et présente sa carte au bureau, afin qu'on puisse, au besoin, vérifier l'identité de la personne appelée et de celle qui se présente. Il remet ensuite son bulletin au secrétaire, qui, en sa présence, le jette dans l'urne qui est debout. Le secrétaire prend garde qu'on ne lui remette pas deux bulletins au lieu d'un. Il tient note des absens, pour les appeler une seconde fois lorsque la liste sera épuisée.

82. Le dépouillement une fois commencé, n'y eût-

et l'on continue par la rectification de la liste, afin d'être à même de constater la présence de la majorité du collége, dans le cas où elle serait nécessaire. Voyez le chap. VIII.

il de décacheté qu'un seul bulletin, aucun autre n'est admissible.

83. Le dépouillement se fait de la manière suivante :

Au milieu et sous les yeux des électeurs dont le bureau est entouré, l'un des scrutateurs tire un bulletin; il l'ouvre, et l'élevant assez haut pour qu'il puisse être vu et lu par ceux qui sont immédiatement derrière lui, il prononce à haute voix le nom qui y est écrit. Il le passe ensuite au second scrutateur qui en fait autant, et ainsi de suite, jusqu'a ce que le bulletin soit arrivé au secrétaire, qui, ayant devant lui une feuille blanche, y écrit ce nom, et à la suite le chiffre 1 au premier suffrage, le chiffre 2 au second, et ainsi de suite : prononçant à haute voix et le nom et le chiffre; après quoi, il met dans l'autre urne le bulletin décacheté. Il en fait autant, et sur autant de feuilles séparées, pour chacun de ceux qui ont obtenu quelques suffrages. De cette manière, quand on est à la fin du dépouillement, le compte des voix que chacun a obtenues est tout fait, et en même temps contrôlé par l'assemblée.

84. Nul bulletin n'est ouvert que le précédent n'ait eté noté par le secrétaire.

85. Si un bulletin était jugé par le bureau tellement illisible, qu'on fût réduit à des conjectures sur le nom que voulait écrire le votant, il serait annullé et déchiré.

S'il arrivait qu'un bulletin portât plusieurs noms, il serait également annullé et déchiré. Il en serait de même, s'il y avait sous le même cachet plusieurs bulletins pour plusieurs personnes différentes; mais si tous étaient pour la même personne, au lieu d'être nuls, ils ne compteraient que pour un, et les bulletins inutiles seraient annullés et déchirés.

86. S'il y avait équivoque dans la désignation du candidat, le bureau déciderait provisoirement, sauf le recours au Conseil national, dans le cas où cette décision aurait influé sur l'élection.

87. Le dépouillement terminé, le secrétaire additionne les suffrages obtenus; et si la somme en est égale au nombre des bulletins décachetés, l'exactitude du scrutin est vérifiée par là même.

S'il y avait inégalité entre les deux nombres, comme cela ne pourrait venir que du numérotage des voix, ou de l'addition fautive faite ensuite, l'erreur serait facilement découverte. Mais si elle venait du numérotage, comme il en résulterait que certains concurrens ont eu plus ou moins de voix qu'il n'est porté par leur dernier chiffre, ce chiffre devrait être augmenté dans le premier cas et diminué dans le second.

Cette rectification faite, s'il y a lieu, le secrétaire proclame le résultat du dépouillement, en commençant par ceux qui ont obtenu le plus de suffrages.

88. La majorité absolue n'est point celle des électeurs présens. Ceux qui n'ont point voté, s'il y en a, et ceux dont les votes ont été annullés, sont censés absens. La majorité absolue est celle des suffrages admis et comptés.

89. Il ne peut y avoir d'interruption entre un scrutin et son dépouillement, à peine de nullité. Pour la facile exécution de cet article, les scrutateurs se relaient entre eux, ainsi que les secrétaires, de manière qu'il y ait au bureau, sans interruption, un secrétaire et deux scrutateurs.

90. Entre deux scrutins, il est toujours donné aux

électeurs une couple d'heures au moins, pour préparer leurs nouveaux bulletins.

91. Les séances ne peuvent pas être prolongées au-delà de dix heures du soir. De sorte que, si, après un premier scrutin, il ne reste pas pour le second, dans le reste de la journée jusqu'à dix heures, autant de temps qu'il en a fallu pour le premier, l'opération est renvoyée au lendemain.

92. La présence de la majorité du collège n'est point nécessaire pour la validité de ses actes, si ce n'est dans le cas de réélection, comme il sera dit au chapitre suivant, et dans celui de dissolution du conseil. Mais toute assemblée est illégale et ses actes nuls, si elle n'a pas été régulièrement convoquée.

93. La police de l'assemblée appartient au président. Si quelqu'un s'obstine à troubler l'ordre, malgré ses représentations réitérées, il peut lui enjoindre de sortir, et en cas de résistance, requérir la force publique pour l'y contraindre, après avoir reçu son bulletin, s'il veut le déposer.

Si le président soupçonne quelqu'un des assistans d'être étranger au collège, il peut lui demander sa carte; et si celui-ci la refuse, ou s'il en exhibe une qui ne soit pas la sienne, il l'exclut aussitôt, et peut même le dénoncer au procureur du Roi, comme usurpateur d'un droit politique qui ne lui appartenait pas.

CHAPITRE VIII.

Révocations.

94. Les électeurs d'une commune qui désirent une réélection, soit de député, soit de président, en adressent la demande au président du collége, ou à l'un des vice-présidens, par une pétition signée indi-

viduellement de chacun d'eux. Ils peuvent aussi se réunir pour cela aux électeurs d'autres communes de l'arrondissement. Celui ou ceux qui se chargent de remettre la pétition au président ou vice président, tirent de lui un reçu énonçant le nombre des pétitionnaires et la date de la remise. On peut également s'inscrire sur une feuille à ce destinée, soit chez le président, soit chez un des vice-présidens, qui délivre à l'inscrit un certificat de l'inscription et de sa date.

95. Le président et les vice-présidens se communiquent ces pétitions et inscriptions; et aussitôt que le nombre des pétitionnaires a atteint celui du tiers des électeurs portés sur la liste actuelle, si cela n'a pas duré plus de quinze jours, le président, ou à son défaut, l'un des vice-présidens, convoque le collége, en énonçant dans sa lettre la cause et l'objet de la convocation.

96. Tant que le vœu de la majorité du collége n'est que présumé par ce qui précède, il ne s'agit que d'une réélection, qui peut confirmer l'élection précédente aussi bien que l'annuller. Mais il n'en va pas de même, lorsque le vœu de cette majorité s'est déclaré et qu'il est constant : c'est d'un remplacement qu'il s'agit alors; et le sujet, déjà révoqué, ne peut plus concourir dans l'opération : toutes les voix qui lui auraient été données seraient nulles.

97. Lorsque le collége est convoqué pour une réélection, la présence de la majorité de ses membres est de rigueur.

Pour la constater, et pour s'assurer en même temps du vœu de l'assemblée, le président adresse aux électeurs la question suivante : *Voulez-vous une réélection?* Les électeurs répondent par *oui* ou par *non* dans leurs bulletins cachetés; et si, après le dépouillement, le nombre des *oui*, joint à celui des *non*, ne forme pas la majorité du collége, l'assemblée se sépare, et il n'y a rien de fait.

Dans le cas contraire, si le nombre des *oui* est égal à la majorité du collége, on procède de suite, non pas à une réélection, mais à un remplacement; si, sans être égal à la majorité du collége, le nombre des *oui* l'emporte sur celui des *non*, on procède à une réélection; et enfin, si le nombre des *oui* n'est qu'égal à celui des *non*, à plus forte raison s'il lui est inférieur, le sujet actuel, soit député, soit président, est maintenu, jusqu'à ce que, non plus le tiers, mais la majorité du collége ait renouvelé la demande.

CHAPITRE IX.

Formation primitive des colléges.

98. Pour la formation primitive des colléges, le maire du chef-lieu fait provisoirement la fonction de de président, et ses adjoints celle de vice-président.

C'est à ce maire que les candidats remettent leurs titres; c'est lui qui les vérifie; c'est lui qui fait dresser et imprimer la liste alphabétique des électeurs, contenant leurs noms, prénoms, âge, domicile, impôt ou qualité; c'ést lui, enfin, qui fait confectionner et remplir les cartes d'entrée, conformes en tout à la liste, et portant de plus le signalement de l'individu.

99. Un mois est donné aux candidats pour se présenter en personne au maire et lui remettre leurs titres. Dans les deux mois suivans, le maire fait ce qui le regarde et qui vient d'être dit. Enfin, dans les dix premiers jours du quatrième mois, il envoie la liste imprimée à tous les maires de l'arrondissement, qui

la font publier, et en même temps il convoque le collége, suivant ce qui a été dit au chap. VI, art. 73.

100. Il n'y a d'électeurs admissibles à cette première réunion que ceux qui sont portés sur la liste et munis de cartes d'entrée.

101. Le maire, ou l'adjoint qui le remplace, nomme, avec l'approbation de l'assemblée, les scrutateurs et les secrétaires, ainsi qu'il a été dit chapitre VI, art. 63, après quoi on procède à l'élection du président, suivant les formes prescrites au chap. VII. Enfin, le président une fois élu, le collége achève de se constituer lui-même.

Dans les grandes villes, où il y aurait plusieurs colléges et une seule municipalité, le nombre des présidens provisoires serait complété par des membres du conseil municipal, désignés par le sort, et ceux-ci s'adjoindraient chacun deux de leurs collègues pour les aider comme vice-présidens.

CHAPITRE X.

Le Conseil National.

102. Le Conseil National est le corps des députés du peuple, librement élus et révocables par lui à volonté.

103. Les fonctions de député sont gratuites.

104. Pour être admis au Conseil National trois pièces sont nécessaires : 1° le procès-verbal d'élection ; 2° l'extrait du rôle des contributions, constatant que l'élu paie, ou 500 francs d'imposition foncière, ou 1,000 francs d'imposition directe quelconque, dont la foncière fasse les deux cinquièmes.

105. Les pouvoirs étant vérifiés, ceux des députés qui ont été élus en plusieurs lieux à la fois font leur

option, et les présidens des colléges dont les élections se trouvent annullées, soit par cette option, soit par d'autres causes, convoquent aussitôt les électeurs pour y suppléer, sur l'avis qui leur en est donné par le président du Conseil National.

106. Le président est nommé par le Roi, sur une liste de cinq candidats qui lui est présentée par le conseil ; et les quatre sur lesquels son choix n'est pas tombé sont de droit vice-présidens.

107. L'adresse en réponse au discours du trône, quoique essentiellement empreinte de l'esprit de concorde et d'une entière confiance en la sagesse du Roi, n'exclut point une expression respectueuse des vœux que le conseil aurait jugé à propos d'y insérer.

108. Pour examiner les projets de loi présentés par le ministère, le conseil se divise en comités ou buraux, qui lui en font leur rapport, sur lequel la discussion s'engage avec les ministres ou leurs ayant-cause. Lorsqu'elle est fermée, si le conseil n'a proposé aucun amendement, ou si les ministres ne l'ont point adopté, le projet est mis aux voix tel qu'il a été présenté ; si, au contraire, il a été proposé quelque amendement, et que les ministres l'aient adopté, le projet ainsi amendé est seul mis aux voix.

109. Le projet mis aux voix est définitif. Toute modification qui y serait faite ensuite, soit dans le fond, soit dans la forme, sans la participation du conseil, serait illégale, contraire à la loi fondamentale, et un sujet d'accusation contre les ministres *.

* Il est aisé de voir qu'une semblable manœuvre fausserait entièrement le jeu des institutions : l'opinion du conseil n'étant significative, soit en bien, soit en mal, qu'autant qu'elle s'applique au projet sur lequel il a voté, soit dans le fond, soit dans la forme.

110. On va aux voix par assis et levé sur les articles de la loi, et par appel nominal, à haute voix, sur son ensemble. Si la majorité est pour, le président le déclare, en disant : *le conseil approuve*; si elle est contre, il use de la formule suivante : *le conseil obéit.*

111. Si, sur un point de détail de la loi, vingt membres demandent l'appel nominal à haute voix, il ne peut être refusé *.

112. Toute discussion est renfermée très exclusivement entre le conseil et les ministres ou leurs ayant-cause. Si un député, ou un ministre, ou l'un des ayant-cause du ministère, se permettait d'y faire intervenir, de quelque manière que ce fût, l'opinion ou la volonté du Roi, il serait sur le champ rappelé à l'ordre par le président. Le Roi est toujours censé n'avoir d'opinion ni de volonté qu'après la discussion qui l'éclaire.

113. La liberté de la tribune est inviolable. Un député ne peut jamais être recherché pour ses opinions, tant qu'elles n'ont pour objet que les ministres et leurs projets de loi. Un pareil acte serait une manifeste violation de la loi fondamentale et un acte de tyrannie.

114. La discussion des projets de loi et l'émission de l'opinion du conseil sur ces projets ne peuvent jamais avoir lieu qu'en séance publique. Pour tout le reste, l'unique règle est dans la sagesse du conseil.

Toutefois, si le ministère demande un comité se-

(2) Dans un gouvernement fondé tout entier sur l'opinion, il est essentiel que le peuple n'ignore jamais comment ses députés opinent.

cret pour quelque communication du gouvernement, jamais le conseil ne s'y refuse *.

Si c'est un député qui fasse la même demande, il s'adresse au président, qui convoque de suite tous les présidens des bureaux. Là, le député fait connaître l'objet de sa communication; et si les quatre cinquièmes des voix sont pour le comité secret, il est accordé.

115. Il est défendu aux journaux de rendre aucun compte des séances secrètes du Conseil, autrement que par l'insertion littérale d'une note qui pourrait leur être envoyée par le président.

116. Le Conseil national a le droit d'appeler l'attention du Gouvernement sur tous les objets qui lui paraissent la mériter, et même de rédiger ses vues en forme de loi. Si le projet du Conseil est adopté sans restriction, il devient loi par cette adoption seule; si le Gouvernement ne l'adopte qu'avec des modifications, soit dans le fond, soit dans la forme, il présente lui-même un autre projet sur la même matière; enfin, si le Gouvernement n'y donne aucune suite, le projet du Conseil ne peut plus être représenté dans la même session.

117. Le Conseil a encore le droit de porter au pied du trône de respectueuses remontrances, lorsqu'elles ont été arrêtées aux trois quarts des voix. Elles sont reçues par le Roi en Conseil-d'État; le président y porte la parole, accompagné d'une députation de vingt membres; et le Roi répond qu'il avisera. Le refus

* Le gouvernement pourrait se servir de ce moyen pour sonder l'opinion de l'assemblée sur les projets de loi qu'il médite, et se mettre ainsi à même de les modifier, de manière qu'ensuite ils n'eussent plus à redouter, soit des critiques trop graves dans la discussion publique, soit des majorités trop faibles pour leur adoption, soit de trop fortes pour leur rejet.

d'entendre les remontrances respectueuses du Conseil national, est une violation de la loi fondamentale et un acte de tyrannie.

. 118. Enfin, le Conseil national est investi de la fonction d'accuser les ministres, pour les faits de trahison, de concussion et de violation de la loi fondamentale.

119. Le Conseil national, accusant les ministres, n'est plus ce Conseil de législation dont il a été question jusqu'ici, dont le Roi seul ouvre la session, la termine ou la proroge, et qu'il peut même dissoudre, sous l'unique condition de le convoquer une fois tous les ans. Le Conseil, accusant les ministres, est une partie intégrante de l'ordre judiciaire exceptionnel établi pour ce genre d'affaires. S'il pouvait être arrêté par une clôture, prorogation ou dissolution, dans l'exercice de la fonction qui lui est attribuée sous ce rapport, le cours de la justice serait interrompu : et il ne doit jamais l'être.

Lors donc même que la tribune est fermée aux discussions législatives, elle demeure encore ouverte à la fonction accusatrice dont le Conseil est investi. Si, avant la clôture, prorogation ou dissolution, l'accusation d'un ministre a été proposée, le Conseil national conserve le droit de prendre l'affaire en considération, de la faire examiner par une commission spéciale, de discuter les conclusions du rapport de cette commission, d'adopter ou de rejetter la proposition qui lui a été faite, et de vaquer à tous les actes préliminaires dont le détail suit, jusqu'à ce que la Cour suprême soit saisie *.

* Le principe de la distinction que j'énonce ici est admis, dans le système représentatif, en ce qui regarde le juge : la cour des pairs continue de siéger, même après que la chambre des pairs

120. A compter de la clôture, prorogation ou dissolution, tous les actes préliminaires de l'accusation ne peuvent être faits qu'en comité secret.

121. La résolution d'accuser un ministre exige les deux tiers des voix.

122. Aussitôt après, le Conseil national nomme trois de ses membres chargés de porter l'accusation et de la soutenir : l'un ayant le titre d'*accusateur national*, et faisant à la Cour suprême les fonctions du ministère public, et les deux autres celles de substitut. Tant que le procès dure, ils reçoivent une indemnité fixée par le Conseil national.

123. Cela fait, le président se retire devers le Roi, à qui il remet copie de la délibération du Conseil. De son côté, l'accusateur national en porte un double à la Cour suprême, dont le président lance un mandat d'amener contre le prévenu, et convoque aussitôt la Cour plénière.

124. En attendant qu'elle soit réunie, la chambre de justice instruit le procès.

CHAPITRE XI.

Les Juges.

125. Les juges sont inamovibles, et ne peuvent être destitués que pour forfaiture, indignité ou incapacité,

a été close. Pourquoi ne s'appliquerait-il pas également à l'accusateur ? Il est vrai qu'une assemblée législative n'existe plus comme telle, du moment qu'elle a été congédiée ou dissoute ; et dès-lors, elle n'existerait pas même comme accusateur si rien auparavant ne l'avait jetée dans ce rôle. Mais si une proposition d'accusation lui a été faite, à l'instant même sa sollicitude d'accusateur s'est éveillée ; elle est entrée dans ce nouveau rôle, et l'esprit de la loi veut qu'elle puisse le continuer sans obstacle, sans quoi la loi se contredirait, ce qu'on ne peut jamais supposer.

jugées en dernier ressort par la chambre de justice de la Cour suprême.

126. Ils ne connaissent des délits de la presse qu'en cas de calomnie ou de diffamation.

127. Dans tous les tribunaux civils il y a un bureau de consultation charitable, pris parmi les avocats, et dont le président du tribunal désigne les membres. Celui qui veut avoir recours à ce bureau, lui remet ses titres avec un certificat signé du maire de sa commune et de ses adjoints, qui constate son état de pauvreté. Le bureau prend connaissance de son affaire. S'il la trouve mauvaise, il le lui déclare et ne s'en charge point; s'il la trouve douteuse, il lui conseille de s'arranger à l'amiable, et lui offre pour cela sa médiation; s'il la trouve bonne, ou si, dans le cas où il l'aurait jugée douteuse, la partie adverse a refusé sa médiation, il dresse une consultation, et la remet à la chambre des avoués et à celle des avocats, en faisant un appel à leur générosité. L'avoué et l'avocat qui ont répondu à cet appel, n'ont rien à réclamer de leur client pour leurs vacations, écritures et plaidoieries; et tous les actes de la procédure, ainsi que le jugement, sont gratuits pour le pauvre.

128. Pour toute cause, ainsi entreprise sur l'invitation du bureau, et soutenue jusqu'au jugement, l'avoué et l'avocat jouissent, chacun à part, du droit de faire appeler la première, de préférence à toutes les autres, l'une quelconque, à leur gré, des affaires pendantes au tribunal dont ils sont chargés. Ce droit, dit *du défenseur du pauvre*, est intransmissible.

129. Si, par le gain du procès jugé définitivement, la situation du pauvre se trouve améliorée, au point de n'avoir plus de droit à une justice entièrement gratuite, il est passible, envers l'état seulement, d'une

indemnité rigoureusement égale au montant des sacrifices que ce dernier a faits pour le protéger, sans toutefois que cette indemnité puisse jamais s'élever au-delà de la moitié du gain de l'affaire *.

CHAPITRE XII.

La Centralisation.

130. *Centralisation* et *société civile* sont synonymes. La démocratie concentre l'action sociale dans la majorité; l'aristocratie, dans le petit nombre; la monarchie, dans un seul homme; et tous les gouvernemens mixtes, dans un concours de pouvoirs ou d'influences, qui ne forme jamais qu'une très faible minorité.

C'est une suite inévitable de la nature des choses. Il serait impossible de faire converger vers l'intérêt commun toutes les prétentions et toutes les forces particulières, sans une autorité centrale qui les règle, jointe à une force supérieure qui les domine.

Partout où se présente cette divergence de prétentions qui en est la cause, la centralisation doit avoir lieu ; comme aussi elle doit cesser, aussitôt que cette divergence cesse elle-même. La centralisation serait alors sans motif; et comme elle empiète sur le droit naturel d'indépendance, elle deviendrait une tyrannie.

(*) C'est surtout quand il s'agit d'une institution de bienfaisance, qui demande du désintéressement, qu'il importe d'aller au-devant des difficultés, afin de couper court à tous les prétextes. Que faire en cas d'appel, pourra-t-on dire? Rien de si simple. Il y a auprès des Cours royales et de la Cour de cassation, comme auprès des Tribunaux de première instance, un bureau de consultation charitable. L'avoué du pauvre lui envoie les pièces du procès, et ce bureau les examine. Dans le cas où il jugerait l'appel du pauvre mal fondé, il refuse de poursuivre ; dans le cas con-

La simple commodité du pouvoir n'est point une considération suffisante.

C'est par cette raison que l'administration de la famille ne peut et ne doit point être centralisée. Car il n'y a point là plusieurs intérêts divergens, mais un seul, celui du père de famille, dont la tendresse et le bon sens sont un meilleur garant de sa bonne administration, que toute l'habileté du législateur et du prince.

C'est par cette même raison encore, qu'il est juste et raisonnable de laisser à chaque commune l'administration de ses biens et de ses établissemens. Elle y est plus intéressée que personne ; son intérêt est un, comme celui du père de famille; et nul ne connaît aussi bien qu'elle et ses ressources et ses besoins.

Que la commune et le père de famille lui-même ne cessent point d'être sous la surveillance de l'administration centrale, rien de mieux ; car il est possible, quoique rare, qu'ils fassent des dispositions nuisibles ou illégales : et il faut bien alors que cette administration puisse y porter remède, tantôt en interdisant un père en démence ou dissipateur, tantôt en cassant et annullant les arrêtés d'une commune. Mais ce n'est point là centraliser : ce n'est pas ôter un droit, que de réprimer ce qu'il y a d'abusif dans son exercice.

traire, et dans celui où l'adversaire du pauvre serait l'appelant, il continue comme le bureau de première instance a commencé. Mais les frais de poste et le papier timbré, qui les paiera ? La société. Toute société qui refuse au pauvre, sous quelque prétexte que ce soit, la protection des lois, n'a pas moins oublié sa vocation essentielle, qu'un prêtre indigne n'a oublié la sienne, lorsque, faisant des secours de la religion une marchandise, il les refuse à qui n'est pas en état de les payer.

Mais la centralisation peut-elle se réduire encore? j'en doute; car une fois sorti de la famille et de la commune, on retrouve des prétentions et des intérêts opposés, avec la difficulté, de plus en plus grande, de les ramener à l'équité par la voie de la conciliation dans une délibération commune. D'ailleurs, le rapport de ces administrations particulières avec l'ordre général devient de plus en plus important, et, par conséquent, rentre de plus en plus dans la sollicitude et le domaine de l'administration centrale. Qu'ici, cette administration s'entoure de conseils pris sur les lieux, c'est de quoi ni l'utilité, ni la nécessité même, ne peuvent être mises en doute. Mais que ces conseils doivent avoir voix délibérative, c'est, encore une fois, ce que je n'ose décider, quoique bien plus enclin à la négative qu'à l'affirmative.

Quoi qu'il en soit, du moment qu'il est juste que les communes soient exceptées de la centralisation, en ce qui concerne leurs biens et leurs établissemens, il convient que les habitans nomment les membres du conseil municipal, à l'exception du maire et de ses adjoints. Le maire est l'œil de l'administration centrale dans la commune. Il doit avoir voix prépondérante, en cas de partage, dans les délibérations du conseil, et de plus le droit de suspendre l'exécution d'un arrêté qui lui paraîtrait nuisible ou illégal, jusqu'à la décision de l'autorité administrative supérieure.

CHAPITRE XIII.

Le Serment civique.

131. Le serment civique est conçu en ces termes :
« Je jure d'être fidèle à la loi fondamentale, et de » la défendre de tout mon pouvoir, en ne m'écar» tant jamais de la marche qu'elle a tracée. »

132. A son avénement au trône, le Roi prête ce serment, en présence de la Cour suprême et du Conseil national. Ces deux corps, les ministres, le Conseil-d'État, les magistrats et les généraux, au nom de l'armée, le prêtent entre les mains du Roi; et les inférieurs, entre les mains de leurs supérieurs.

133. Le serment civique renfermant tous les sermens particuliers aux divers pouvoirs que la loi fondamentale a établis, il est le premier et le plus sacré de tous. Ils lui sont tous subordonnés; et, par cette subordination, ils échappent à toutes les fausses interprétations, soit de la tyrannie, soit de la révolte.

CHAPITRE XIV.

La Garde nationale.

134. La garde nationale n'est autre chose que la population amie de l'ordre, et armée pour le maintenir lorsqu'il est troublé ou menacé. Elle est organisée militairement.

135. Chaque compagnie, bataillon ou légion, se compose exclusivement, autant que possible, ou de citoyens de 18 à 30 ans, ou de ceux de 30 à 45, ou de ceux de 45 à 60.

136. La garde nationale, dans chaque commune, s'assemble une fois tous les ans, au mois de mai, pour être passée en revue, reconnaître ses officiers et prêter le serment civique.

137. Elle n'est astreinte à aucun service permanent ou habituel; mais elle est obligée de prêter main forte au besoin, pour le maintien de l'ordre, sur la réquisition du maire dans la commune, du sous-préfet dans l'arrondissement, et du préfet dans le département.

138. L'ordre de service commence par les gardes

nationaux de 18 à 30 ans ; s'ils ne suffisent pas, on appelle ceux de 30 à 45 ; et ce n'est qu'à l'extrémité qu'on emploie ceux de 45 à 60.

139. Dans les villes, il y a des instructeurs pour former les gardes nationaux, et plus spécialement ceux de 18 à 30 ans, au maniement des armes, à la marche et aux évolutions militaires. Les exercices commencent le 1er. avril, finissent le 31 octobre, et ont lieu les dimanches et les jours de fête. Les instructeurs sont salariés par la ville.

140. A la revue annuelle, on fait manœuvrer la garde nationale. Le lendemain, un ordre du jour proclame les corps qui se sont fait remarquer par leurs progrès. On proclame en même temps les noms des citoyens, qui, ayant servi dans l'armée, ont secondé les leçons des instructeurs avec le plus de zèle, et l'on indique le jour où leur seront distribués par le maire les prix qui leur ont été décernés.

CHAPITRE XV.

Droits généraux des citoyens.

141. Nul ne peut être arrêté qu'en flagrant délit, ou sur la clameur publique, ou sur des indices suffisans. Il doit être interrogé dans les 24 heures, et mis en liberté s'il ne s'élève aucune charge contre lui.

142. A moins qu'il ne s'agisse d'un crime capital ou de récidive, l'homme arrêté doit être élargi sous caution. La caution consiste en deux citoyens établis et bien famés, qui s'engagent à représenter au besoin le prévenu, ou s'ils ne le représentent point et qu'il

vienne à être condamné, s'engagent solidairement à payer une amende proportionnelle à la gravité du délit, établie par la loi et appliquée par les juges.

143. Tout citoyen a le droit de publier ses opinions en toute matière, par le moyen de la presse, en respectant la morale publique et s'abstenant de la calomnie et de la diffamation.

144. La calomnie et la diffamation sont punies par les tribunaux, sur la plainte de la partie offensée. Quant à la morale publique, il y a des censeurs chargés d'empêcher la publication de tout écrit où elle serait blessée. La permission ou la défense du censeur, signée de lui, est remise à l'imprimeur, qui demeure ainsi innocent ou responsable de la publication. S'il arrivait que le censeur eût outre-passé son pouvoir, borné très rigoureusement à ce qui touche la morale publique, l'auteur intéressé pourrait le citer devant les tribunaux, afin d'obtenir la levée de son interdiction, et de plus, le faire condamner à des dommages-intérêts convenables; comme aussi, s'il venait à succomber dans cette poursuite, le procureur du Roi pourrait s'emparer de l'affaire, et le traduire devant la Chambre de justice de la Cour suprême.

145. Tout citoyen a aussi le droit d'adresser au Conseil national des vœux motivés (*), des avis sur ce qui se passe et des plaintes en déni de justice, lorsqu'il a vainement épuisé tous les moyens légaux de l'obtenir.

(*) De simples vœux, sans motifs, ne méritent aucune considération, qu'autant qu'ils formeraient une force imposante; et alors, fussent-ils même une nécessité qu'il faudrait subir, ils ne seraient point, comme simples vœux, une loi à laquelle on fut obligé de se soumettre.

146. Au moyen de ce droit, de la liberté de la presse et des discussions solennelles du Conseil national, toutes sociétés ou clubs politiques sont interdits, comme inutiles et dangereux.

147. La société ne descend dans la conscience de personne ; mais elle n'est tenue de donner sa confiance qu'à ceux qui lui donnent des garanties. C'est pourquoi elle n'accorde ni les emplois publics, ni le droit d'éducation et d'enseignement, ni celui de publier ses pensées, à quiconque n'a point, par sa signature, donné son adhésion à la croyance en Dieu et en sa providence, qui, dans une vie future, récompense les bons et punit les méchans. Un registre est ouvert dans chaque mairie, pour recevoir cette profession de foi ; et toute attaque contre les dogmes qui y sont énoncés, est mise au nombre des attentats à la morale publique.

148. Les cultes sont libres; mais il n'y a que ceux qui ont été reconnus par l'État qui puissent être exercés en public; et s'il s'en élevait de contraires à la morale de la société, le devoir du magistrat est de les interdire.

149. Toutes les industries honnêtes sont permises et libres dans leur exercice : sauf les précautions de police que peuvent exiger, soit l'intérêt de la sûreté ou de la salubrité publique, soit le maintien du crédit contre des entreprises irréfléchies, soit l'importance de ramener, autant qu'il se peut, la concurrence à un milieu, qui soit favorable tout à la fois au producteur, au marchand et au consommateur.

150. Devant la loi civile, tous les citoyens sont rigoureusement égaux en droit, ils le sont aussi, mais à mérite égal, devant la loi politique : restriction né-

cessaire, imposée par l'intérêt de la société, devant lequel tous les autres disparaissent.

CHAPITRE XVI.

La Noblesse.

151. La noblesse est une distinction d'honneur justement acquise par la supériorité du mérite, et une distinction politique réclamée par l'intérêt public dans la monarchie (*).

152. Elle ne forme point caste, et l'on n'y déroge aucunement en s'alliant à des familles plébéiennes.

153. Elle est ouverte à tout citoyen, moyennant le mérite suffisant.

154. Elle se transmet héréditairement, en ligne directe, de mâle en mâle, sous la condition suivante. Le fils d'un noble, lorsque celui-ci l'est devenu par son mérite et non par sa naissance, est noble comme lui. Mais il ne transmet point la noblesse à ses enfans, à moins que lui ou quelqu'un de ses frères n'ait servi l'État avec honneur durant un certain temps, soit dans le civil, soit dans le militaire : la condition étant censée toujours remplie, lorsque le serviteur est mort à son poste, ou qu'il a été mis hors d'état d'y rester jusqu'au terme prescrit, par quelque accident indépendant de sa volonté.

155. La noblesse est distribuée en classes subor-

(*) La nécessité de la noblesse comme distinction politique, dans la monarchie, a été cent fois démontrée ; et jamais on n'y a rien opposé qui fut solide. Mais il eût fallu, en même temps, mettre l'institution en harmonie avec les lumières et les mœurs de la civilisation ; ce à quoi on n'a jamais pensé.

données entre elles, dans l'ordre suivant : 1°. Les princes ; 2°. les ducs ; 3°. les marquis ; 4°. les comtes ; 5°. les barons ; 6°. les chevaliers. Le fils aîné d'un prince est duc, le puiné marquis, etc ; le fils aîné d'un duc est marquis, le puiné, comte, etc., et ainsi de suite.

156. Dans le cas de transmission, le fils aîné succède au titre de son père, et les cadets avancent chacun d'un degré. Dans le cas de non-transmission, les enfans gardent les titres qu'ils avaient du vivant de leur père. C'est ainsi que la condition ci-dessus doit être entendue ; car la noblesse est chose essentiellement relative : tout prince est noble parmi les ducs, comme un chevalier parmi les simples citoyens.

157. Dans le cas de non-transmission, l'enfant qui s'en montre digne peut être réhabilité par le Roi. L'effet de cette réhabilitation est de remettre les choses, pour lui personnellement, dans le même état que si la transmission avait eu lieu.

158. Toutes les dignités de l'État et tous les emplois de distinction sont réservés à la noblesse, en se réglant, autant que possible, sur la hiérarchie des rangs. Le prince est seul juge de ces convenances ; mais il n'en est point esclave, et sait s'en affranchir, lorsque l'intérêt public le demande, sans avoir besoin de violer le privilège de la noblesse : car il lui suffit, pour cela, de conférer la distinction sociale, qui leur manque, aux sujets qn'il veut employer.

159. L'avancement dans l'ordre de la noblesse se fait, soit par la promotion royale, soit par le nombre de générations ou quartiers dont chacun peut faire preuve. Ce nombre doit aller en telle progression, que plus les degrés s'élèvent, plus il soit difficile d'y atteindre par cette voie.

*

POST-SCRIPTUM.

Dans la persuasion où je suis, que le projet qu'on vient de lire pourrait servir à rallier, en Europe, les opinions, j'ai dû le publier ; et c'est dans cette vue seule que je l'ai fait. Il ne dépend pas de moi qu'on ne m'attribue des intentions bien différentes. En ce cas, je m'y résigne, et je le pardonne très volontiers. Tout ce que je demande, et j'ose l'espérer, c'est qu'on examine.

J'invite surtout les publicistes à réfléchir sur la différence qu'il y a entre deux choses, qu'on prend communément l'une pour l'autre, parce que elles ont un point de vue commun, qui est l'idée de l'existence politique d'une nation : choses pourtant, qu'il ne faut pas non plus tout-à-fait confondre, attendu qu'elles représentent cette même existence sous des aspects, non seulement divers, mais encore opposés. Je veux parler de l'*État* et du *Gouvernement* : l'*État*, ou si on l'aime mieux, la Constitution qui en a posé les bases dans des vues de stabilité et de repos ; et le *Gouvernement*, qui est bien aussi une partie de l'État, mais la partie essentiellement active, dont l'action continuelle, tantôt lente et circonspecte, tantôt rapide et hardie, passant de la guerre à la paix, de la paix à la guerre, et déployant tour-à-tour l'indulgence et la sévérité, se règle toujours sur le moment et se plie à toute la variété de ses exigences. L'*État*, c'est la machine politique organisée et immobile sur son point d'appui ; le *Gouvernement*, au contraire, c'est la machine en mouvement. Cette distinction n'est pas seulement très réelle, comme on le voit, elle est encore très importante par les conséquences qui en découlent : on en sera bientôt convaincu.

Tout ce qui est règle étant aussi gêne, il y a dans la nature de l'homme une tendance continuelle à s'en affranchir ; et c'est ce qui explique pourquoi tout pouvoir, soit monarchique, soit aristocratique, soit populaire, tend à se rendre, je ne dirai point tyrannique, mais absolument indépendant, ou en d'autres termes, despotique : car le despotisme est proprement un pouvoir, qui, ne dépendant que de lui seul, est à lui-même sa règle. Or, la Constitution, ou la loi fondamentale, contient les règles qui doivent diriger le pouvoir. D'où il suit immédiatement, que si l'on veut que ces règles soient stables, il est de toute nécessité qu'elles ne demeurent livrées à la discrétion d'aucun des pouvoirs en particulier, et qu'elles soient mises sous la garde du concours de tous. Également intéressés à ce qu'aucun d'eux ne franchisse la limite que la loi fondamentale lui a tracée, ils veilleront à l'envi les uns sur les autres, s'opposeront à tout empiétement ; et s'il arrive qu'une réforme leur soit proposée, ils ne s'accorderont à l'admettre qu'autant qu'elle entrera dans leur ambition commune, qui ne peut avoir que l'intérêt général pour objet.

Ainsi, les institutions, plus puissantes que les

hommes, autant du moins que le comportent les choses humaines, formeront un état proprement dit, contre lequel, ni les caprices d'un roi, ni ceux des grands, ni ceux de la multitude, ne pourront rien; tandis que, hors de là, celui des trois pouvoirs qui aurait lieu de dire, *l'état c'est moi*, dirait une chose absurde: nommant *état* ou chose stable, ce qui évidemment ne l'est point. Quoi de plus instable, en effet, que la volonté d'un homme, ou d'une collection quelconque d'hommes? Est-ce que les peuples n'ont pas leurs caprices aussi bien que les rois? En un mot, il ne peut y avoir dans un état de règle fixe et respectée, qu'autant qu'elle repose sur un système de pouvoirs réciproquement indépendans, dont chacun diverge vers l'un des besoins généraux de la société, et dont l'ensemble les représente tous (*); en telle sorte, que si l'un de ces besoins est contrarié, le consentement des pouvoirs soit moralement impossible.

Mais autant cette politique du mélange des formes ou de la division du pouvoir, trouve naturel-

(*) Ces besoins généraux, au nombre de trois, sont le pouvoir du gouvernement, la liberté des citoyens, et une certaine modération dans l'un comme dans l'autre; car, d'après l'imperfection de la nature humaine, il n'est pas possible que le pouvoir n'ait jamais rien à supporter dans la liberté, ni la liberté dans le pouvoir : une mutuelle tolérance est donc indispensable pour leur harmonie. Dans mon système, le Roi défend le pouvoir, le Conseil national la liberté des citoyens, et la Cour suprême la modération, par un usage judicieux de sa haute prérogative, également éloigné d'une lâche complaisance et d'une excessive rigueur, et dont l'esprit dérive en elle spontanément de la nature de sa position sociale.

lement sa place dans la composition de l'état, auquel elle est doublement utile, en garantissant à la fois son amélioration et sa fixité, autant elle serait déplacée et nuisible dans l'organisation du gouvernement.

Qu'est-ce, en effet, que le gouvernement? Après la constitution, qui est sa règle, et qui doit avoir été combinée pour être aussi son frein, le gouvernement est tout. Vouloir le rabaisser de la fonction de pilote à celle de simple manœuvre, en le bornant à l'exécution des lois, c'est méconnaître sa nature, et s'engager, contre la force des choses, dans une lutte pleine de folie et de malheurs. Les limites des pouvoirs exécutif et législatif, incertaines et litigieuses, sont une source intarissable de prétentions rivales, de querelles, de dissentions. D'excellens esprits se sont appliqués long-temps à les reconnaître et les déterminer, sans avoir pu jamais y réussir; et aujourd'hui, après leurs vains efforts, le problême est regardé généralement comme insoluble. Que conclure de là? rien autre chose, sinon que ces pouvoirs, rentrant l'un dans l'autre, ne sont, à les bien prendre, que deux fonctions diverses d'un même pouvoir, qui ne peut être que le pouvoir gouvernant. Et il est même à remarquer, à l'appui, que sur des points de la plus haute importance, tels que la guerre et les subsides, ces deux pouvoirs se tiennent si étroitement par leur nature, qu'on ne saurait les séparer sans déchirement. Comment faire la guerre sans subsides? comment refuser les subsides, lorsque la guerre est inévitable ou commencée?

D'ailleurs, ces deux pouvoirs sont si nécessaires l'un à l'autre, dans tous les momens, qu'ils ne peuvent, ni l'un ni l'autre, atteindre leur destination, à moins qu'il n'y ait entre eux une harmonie parfaite et constante, qu'il y aurait folie à se promettre du concours de plusieurs volontés.

Il est vrai qu'une volonté unique, pouvant avoir ses écarts, exige des précautions qui les préviennent ou les arrêtent; et la constitution doit y avoir pourvu. Mais, ces précautions une fois prises, ce qui importe par dessus tout, c'est que l'action du gouvernement soit dégagée, forte, et aussi promptement victorieuse que les circonstances peuvent l'exiger: avantage incompatible avec les entraves d'une législation placée hors de lui, qui jette mille embarras dans cette action, et quelquefois même la paralyse. De sorte qu'on doit regarder comme un axiôme fondamental de la science politique, *que le pouvoir constituant soit divisé, mixte, et que le pouvoir gouvernant reste entier et toujours un*.

Quant aux garanties contre les écarts du gouvernement, les chercher dans la division du pouvoir, c'est les chercher où elles ne sont point. Cette division, si utile et si nécessaire à l'État, n'est ici qu'un germe de discorde et de trouble. Plus qu'inutile avec un bon prince, elle devient illusoire avec un mauvais; car, ou il la corrompt, ou il l'élude, ou même il l'abolit: entreprise dont on a vu plus d'un exemple, et où il n'y a guère que la précipitation et la maladresse qui aient jamais échoué.

C'est dans une combinaison de puissances et non de pouvoirs, que se trouve la véritable garantie des peuples. Il n'y a que la puissance, en effet, dont l'opposition soit sûrement efficace contre la tyrannie : *pouvoirs*, *droits*, *prérogatives*, mots superbes et vains ! Comme c'est la puissance seule qui inspire l'audace de l'oppression, c'est elle seule aussi qui inspire le courage et assure le triomphe de la résistance.

Tout mon système de garanties est fondé sur une combinaison de cette espèce : on le reconnaîtra sans peine, pour peu qu'on médite mon projet. Au reste, ce point de vue se trouve suffisamment développé dans le *Mémoire sur l'Art d'organiser l'Opinion*, que j'ai publié l'année dernière, et qui est chez moi et chez plusieurs marchands de nouveautés au Palais-Royal.

BIBLIOTHÈQUE ROYALE

www.ingramcontent.com/pod-product-compliance
Ingram Content Group UK Ltd.
Pitfield, Milton Keynes, MK11 3LW, UK
UKHW021650260726
13994UKWH00003B/1392